SEMINARISTA DIOCESANO

Vocação, carisma e missão

HUMBERTO ROBSON DE CARVALHO

SEMINARISTA DIOCESANO

Vocação, carisma e missão

EDITORA
SANTUÁRIO

Direção editorial: Edvaldo Manoel Araújo, C.Ss.R.
Conselho editorial: Domingos Sávio da Silva, C.Ss.R.
Jônata Schneider de Andrade, C.Ss.R.
Lucas Emanuel Almeida, C.Ss.R.
Márcio Fabri dos Anjos, C.Ss.R.
Marco Lucas Tomaz, C.Ss.R.
Thiago Costa Alves de Souza, C.Ss.R.
Coordenação editorial: Ana Lúcia de Castro Leite
Revisão: Sofia Machado
Diagramação e Capa: Maicon Santos

Imagem da capa: O Bom Pastor
Cláudio Pastro - Santuário Nacional de Nossa Senhora Aparecida

Dados Internacionais de Catalogação na Publicação (CIP) de acordo com ISBD

C331s Carvalho, Humberto Robson de

Seminarista diocesano: vocação, carisma e missão / Humberto Robson de Carvalho. - Aparecida : Editora Santuário, 2025.

48 p. ; 14cm x 21cm.

Inclui bibliografia e índice.

ISBN: 978-65-5527-478-3

1. Religião. 2. Cristianismo. 3. Seminarista. 4. Vocação. 5. Teologia. I. Título.

CDD 240

2025-53 CDU 24

Elaborado por Odilio Hilario Moreira Junior - CRB-8/9949

Índice para catálogo sistemático:
1. Religião : Cristianismo 240
2. Religião : Cristianismo 24

2ª impressão

Rua Pe. Claro Monteiro, 342 – 12570-045 – Aparecida-SP
Tel.: 12 3104-2000 – Televendas: 0800 - 0 16 00 04
www.editorasantuario.com.br
vendas@editorasantuario.com.br

SUMÁRIO

AGRADECIMENTOS

Pe. Antonio Camilo de Paiva – Arquidiocese de Juiz de Fora - MG

Antonio Wardison C. da Silva – Arquidiocese de São Paulo - SP

Pe. Anderson Félix da Silva – Diocese de Presidente Prudente – SP

Pe. André Luís do Vale – Diocese de Uruaçu – GO

Pe. Edson Pereira – Diocese de Cachoeira do Sul - RS

Pe. Elisandro Guindani – Diocese de Vacaria – RS

Pe. Deoni Alexandrino da Silva – Arquidiocese de Cuiabá – MT

Pe. Geanine Morais Barbosa – Diocese de Ituiutaba - MG

Pe. Ivan de Souza Carvalho – Diocese de Campanha - MG

Pe. Jair Marques de Araujo – Diocese de Corumbá - MS

Pe. Jairo Barbosa Moreira – Diocese de Cristalândia – TO

Pe. Jeferson Felipe Gomes da Silva Cruz - Arquidiocese de Belo Horizonte - MG

Pe. José Adeildo Pereira Machado – Arquidiocese de São Paulo – SP

Pe. José Brito Terceiro – Arquidiocese do Rio de Janeiro – RJ

Pe. José Francisco Rodrigues Neto – Diocese de Bacabal – MA

Pe. João Henrique Novo do Prado – Arquidiocese de São Paulo – SP

Pe. Leandro Portugal – Diocese de Campanha - MG

Pe. Leonildo Ferreira Monteiro – Diocese de Cruzeiro do Sul - AC

Pe. Lucas Pereira dos Santos - Diocese de Araguaína – TO

Pe. Manuel Joaquim Rodrigues dos Santos – Arquidiocese de Londrina – PR

Pe. Marciel Silva de Lima – Diocese de Jaboticabal - SP
Marlene Maria Silva – Arquidiocese de Pouso Alegre – MG
Pe. Odilio Gentil dos Santos – Diocese de São Gabriel da Cachoeira - AM
Pe. Paulo César Assis – Diocese de Jequié - BA
Pe. Rafael Sotocorno – Diocese de Presidente Prudente – SP
Pe. Rafael Uliano – Diocese de Tubarão – SC
Pe. Rodrigo Fraga – Diocese de Estância - SE
Pe. Ronaldo Zacharias – Diocese de Limeira - SP
Pe. Sandro Araujo – Diocese de Campanha – MG
Dom Sergio de Deus Borges – Diocese de Foz de Iguaçu - PR
Pe. Sílvio Marcos Pawak – Diocese de Jacarezinho – PR
Thales Martins dos Santos – Arquidiocese de São Paulo – SP
Pe. Vagner João Pacheco de Morais – Diocese de Osasco – SP
Pe. Welington Nascimento – Arquidiocese de Juiz de Fora - MG

IN MEMORIAM

Alfredo Maria Carvalho
Anna Nilza Trombella Barros
Antônio Honório de Carvalho
Pe. Cézar Teixeira
Pe. Everaldo Sanches Ribeiro
Pe. Gaetano Tarquizio Bonomi
Pe. Geraldo Alves Pereira
Heloisa Helena Araújo Campos
Pe. Ivan Roberto Danhoni
Dom Joaquim Justino Carreira
Dom Joel Ivo Catapan
Pe. Marco Jacob Silva
Mercedes Spada
Pe. Nadir Sérgio Granzotto
Dom Paulo Evaristo Arns
Pe. Reinaldo Emílio
Waldyr Antônio Barros

APRESENTAÇÃO

Este subsídio vocacional, elaborado pelo padre Humberto Robson de Carvalho, da Arquidiocese de São Paulo, reflete a atenção e o cuidado da Igreja para com os seus filhos que disseram sim ao chamado do Senhor para segui-lo mais de perto no serviço ao ministério ordenado. Àqueles que estão empreendendo seu caminho de resposta ao chamado de Jesus, o autor oferece essa breve reflexão sobre o chamado, o carisma e a missão do seminarista diocesano que deseja responder com amor, discernir com sabedoria e trilhar com esperança, alegria e corresponsabilidade seu itinerário formativo na comunidade eclesial. O autor destaca a iniciativa do chamado divino a cada vocacionado eleito pelo Pai para se configurar a Cristo Bom Pastor em sua Igreja e no mundo. Sublinha que é ao coração do vocacionado que o Pai fala e chama, caracterizando a vocação como um movimento interior de Deus direcionado ao homem. Aquele que se sente mobilizado pelo Espírito para ser como Cristo Bom Pastor, amadurece sua resposta no encontro pessoal com Jesus, o Mestre e Senhor de todo discípulo.

O autor indica o quanto é importante cada seminarista reconhecer e lançar raízes em suas origens e em sua identidade pessoais. Essas constituem o solo fértil onde se desdobrará a ação do Mestre; o terreno onde produzirá fruto a semente plantada pelo divino semeador. Nesse contexto, desvela a importância da família, da paróquia em que o vocacionado iniciou sua vida cristã e ouviu o chamado divino e do seminário onde encontrará as pessoas qualificadas, os meios e recursos para construir sua resposta a Deus e à Igreja. Ressalta a importância do acompanhamento espiritual, psicológico e do vínculo de confiança com os formadores como atitude que revela a corresponsabilidade do formando para consigo mesmo, diante do chamado recebido e de sua resposta que deseja oferecer ao Senhor e a sua Igreja. Apresenta os elementos típicos do carisma e da missão do seminarista diocesano em consonância com o Magistério da Igreja, frisando alguns elementos: a "diocesaneidade", a participação generosa na missão da Igreja local, a centralidade da vida paroquial e a fraternidade presbiteral. Incentivo a todos os seminaristas a empreenderem uma leitura reflexiva sobre esses e outros elementos importantes do processo formativo apresentados pelo autor e a fazerem deste subsídio um guia prático que os introduzirá mistagogicamente no caminho formativo. Deus os abençoe!

Dom Cícero Alves de França
Bispo auxiliar de São Paulo
Vigário episcopal para a região Belém

1 Chamado de Deus e Resposta humana

Deus, autor e Senhor da vida, em seu diálogo contínuo e amoroso com a humanidade, chamou e continua chamando homens e mulheres para trabalhar em sua messe; convida pessoas sensíveis ao amor que possam responder aos desafios de cada época e propor a Boa-Nova para a transformação do mundo (cf. Jo 17,15-18; Rm 12,2). No passado, Ele chamou Abraão, Moisés, Elias, Jeremias, Rute, Judite, Ester, Pedro, João, Mateus, Paulo e tantos outros. Hoje, chama você. Em seu desígnio de amor, o Pai quis precisar de seu sim para que o Reino de Deus seja anunciado e se torne realidade no meio de nós: "Ainda hoje, por meio da Igreja, esposa de Cristo, Deus continua a chamar homens e mulheres para continuar a missão de anunciar a Boa-Nova em diversas instâncias. São diversas as vocações suscitadas no seio da Igreja, sendo que, na diversidade dos ministérios e das vocações, cada um é chamado, antes de tudo, a viver a vocação à santidade, comum a todos os batizados".[1]

Jesus é o modelo perfeito de entrega total e radical a Deus, bem como paradigma de resposta à missão que o Pai lhe confiou. Contemplando o Senhor como modelo de doação e resposta à missão confiada, o seminarista, mesmo diante

[1] BRENTAN, B. Vocação: relação entre chamado e resposta. In: CARVALHO, H.R., SANTOS, T. M.; SILVA, A. W.C. Seminarista diocesano: identidade, vocação e missão. São Paulo: Paulus, 2021, p. 35-36.

de sua fragilidade, coloca-se a serviço de Deus, da Igreja e de seu povo. Maria, a mãe de Jesus, e os apóstolos são exemplos de discípulos que, generosamente, disseram sim ao projeto do Pai, em continuidade à missão evangelizadora sonhada e idealizada por Ele. A escuta ao Pai e a obediência a Ele fizeram com que essas pessoas do passado respondessem afirmativamente a seu chamado. Ele continua chamando hoje. Qual será sua resposta? O contexto atual leva muitos vocacionados a tomarem como referências exclusivas padres midiáticos, esquecendo-se de que a referência é Jesus de Nazaré. Uma referência só será proveitosa se for "referência na Referência", por excelência: Jesus Cristo, Mestre e Senhor. O seminarista não deve perder de vista essa finalidade, pois é chamado para anunciar Jesus Cristo, e não a si mesmo nem a seus achismos e suas preferências.

O ser humano necessita trabalhar para sua subsistência e para contribuir com o desenvolvimento da sociedade. Trata-se da profissão, do trabalho cotidiano. Todos têm condição e aptidão para uma profissão, bem como liberdade para aderir a tal capacidade; nesse sentido, podem responder aos diversos e às diversas necessidades demandados pelo mundo. Não obstante, a vocação diferencia-se da profissão, embora pareçam iguais: "Profissão e vocação parecem ser a mesma coisa, mas não é bem assim. Vocação está relacionada ao ser enquanto profissão ao fazer.[2] Embora sejam distintas, contudo, são inseparáveis. A profissão dá ao humano uma habilidade e condição para seu sustento; e dará sentido a uma pessoa caso ela corresponda a sua vocação, ao chamado de Deus. "A

[2] SECRETARIADO VOCACIONAL REDENTORISTA. Entenda a diferença entre vocação e profissão. Disponível em: a12.com/redentoristas/vocacional/notícias/vocacao-e-profissao-voce-sabe-a-diferença. Acesso em 29.09.2024.

Bíblia denomina os cristãos de "chamados". Deus chama-nos para fora do mundo a fim de que, como fiéis, sigamos nosso caminho[3]".

A vocação, enquanto chamado à escuta de Deus, refere-se especificamente a acolher um dom especial que capacita a pessoa para dedicar-se a uma missão específica. A vocação é uma resposta afirmativa ao convite de Deus para ser, no mundo, na sociedade e na Igreja, um discípulo missionário comprometido com as causas de Deus e de seu Reino, do qual a Igreja é germe e sinal. A vocação é a entrega livre e despojada de si mesmo para Deus no contexto de um mundo em transformação: "A vocação é a doação de si mesmo para o Senhor e para o mundo na qual a pessoa corresponde à vida que recebeu de graça. Ela é um dom de Deus para ser doado para os outros. Jesus fez de si mesmo sua contínua doação".[4] Dom oferecido livremente e com prazer de servir sempre com alegria e disponibilidade (cf. Sl 100,1). A vocação envolve a totalidade do tempo e qualquer lugar, pois é uma questão de "ser" e não de "estar". O vocacionado não é obrigado, mas quando se opta pelo sim, é preciso assumir as consequências da decisão, é preciso "tomar a cruz e seguir" (cf. Mt 16,24-25; Lc 9,23).

O chamado é para todos e, se acolhido, tornará a pessoa feliz, realizada. Alguns chamados são específicos, como o ministro ordenado, a vida consagrada religiosa, o matrimônio ou a vida laical. De alguma forma, todos são vocacionados. Faz-se necessário ressaltar que o chamado vocacional, mais do que um conceito teórico ou uma abstração, consiste em um

---

[3] GRÜN, A., MÜLLER, S. Profissão e vocação: quando é preciso escolher ou ter coragem para mudar. Petrópolis: Vozes, 2016, p. 16-17.

[4] CORBENILI, V. Vocação: chamado do Senhor e resposta humana. Disponível em: vaticannews.va/pt/igreja/News/2023-08/vocacao--chmado-do-senhor-e-resposta-humana.html. Acesso em 29.09.2024.

encontro pessoal de amor entre Deus, que chama, e aquele que responde afirmativamente a seu chamado: “Antes que te formasses no seio de tua mãe, eu te conheci” (Jr 1, 5). A iniciativa da vocação nasce de Deus, que escolhe, elege e envia o vocacionado: “Vocação é dom! É expressão de uma predileção de amor: ‘Não fostes vós que me escolhestes; fui eu que vos escolhi e vos designei, para dardes frutos e para que o vosso fruto permaneça’ (Jo 15,16). A vocação tem como fundamento último, o amor gratuito do Senhor [...]. Reconhecer a própria vocação e abraçá-la requer discernimento e coragem”.[5]

---

[5] COMISSÃO EPISCOPAL PASTORAL PARA OS MINISTÉRIOS ORDENADOS E VIDA CONSAGRADA – PASTORAL VOCACIONAL NACIONAL. Texto base do IV Congresso Vocacional do Brasil. Brasília: Edições CNBB, 2018, p. 11.

2 Seminarista diocesano: identidade e perfil

Quem é o seminarista diocesano? Em geral, é aquele que, após uma experiência profunda de Deus em sua comunidade paroquial, busca compreender, amadurecer e responder afirmativamente ao chamado de Deus, colocando-se a serviço da Igreja do Senhor. Há, também, alguns que não participaram de nenhuma comunidade eclesial, nenhum grupo ou movimento. Todos trazem consigo, todavia, um ardente anseio de serviço, de entrega de si e de doar-se inteiramente a Deus, à Igreja e a seu povo. Em algumas dioceses, o candidato ao sacerdócio ingressa, ainda, no "seminário menor", para concluir o ensino básico; em outras, no "seminário maior", para os estudos filosóficos, seguido da teologia.

O período formativo inicial, em geral, consiste em três etapas que se complementam: propedêutico, filosofia e teologia. A *Ratio Fundamentalis Institutionis Sacerdotalis*, contudo, propôs, em 2016, que a etapa dos estudos filosóficos passasse a ser chamada de discipulado e a dos estudos teológicos de configuração, levando em consideração a centralidade dos mistérios da vida de Cristo Mestre e Bom Pastor, a quem o seminarista é chamado a seguir de maneira mais intensa em cada etapa de sua formação. Há dioceses que oferecem, após os estudos teológicos, a etapa pastoral, ano pastoral (síntese vocacional). Nesse período, o seminarista deve estar muito próximo das pessoas com quem exerce o apostolado. Essa proximidade tem o objetivo de amadurecer o seminarista para sua missão, como vocacionado de Deus; com isso, educá-lo para o pastoreio e para a responsabilidade, na perspectiva da escola de Jesus Cristo, o Bom Pastor. [6] Etapa esta que consolida a formação já acolhida, e que o coloca idôneo às ordens do diaconato e do presbiterato.

As etapas do discipulado e da configuração são distintas, com objetivos, metodologias e perspectivas peculiares. Não são divergentes, mas complementares, compondo um harmonioso processo formativo. As duas etapas visam a formação presbiteral, colunas estruturais do crescimento vocacional de cada candidato. Fundamentalmente, o vocacionado deverá amadurecer as seguintes dimensões: humano-afetiva (no conhecimento de si mesmo, de sentimentos e afetos, bem como de relação com os outros); espiritual (no constante desejo de identificação com o Senhor, para melhor amar e servir ao povo de Deus); pastoral-missionária (no conhecimento e na identificação com a missão do Senhor), e intelectual (de mergulho e compreensão da Palavra e da realidade do povo). Nesse sentido, a vida em comunidade será o ambiente ideal para o desenvolvimento dessas dimensões.

O seminarista diocesano, aprendiz e imerso nas coisas do Reino de Deus, estará sempre aberto ao processo de crescimento em todas as dimensões da vida. Acolherá, com humildade, os ensinamentos recebidos da Igreja, no que se refere aos conteúdos intelectuais, espirituais, pastorais e, também, humanos, referente à civilidade, às boas maneiras de viver e

---

6 CONGREGAÇÃO PARA O CLERO. O dom da vocação presbiteral. *Ratio Fundamentalis Instituitionis Sacerdotalis.* Documento da Igreja – 32. Brasília: Edições CNBB, 2017, n. 74.

se comportar, tornando-se "bom cristão" e "honesto cidadão". É possível afirmar que o candidato ao ministério ordenado é multidimensional, porque deverá desenvolver, a partir de si e com os outros, dimensões necessárias para seu pastoreio, o que levará à realização de si e, também, dos outros. Contudo, quando uma dimensão se sobrepõe às outras, poderá ocorrer uma digressão existencial e vocacional, com notório prejuízo, de desenvolvimento vocacional, a formação integral do candidato, convidando-o a integrar, em si, as várias dimensões formativas, em profunda relação com a vida.

O discipulado e a configuração são duas etapas preciosas para o vocacionado discernir, amadurecer e confirmar seu "sim" a Cristo Mestre e Senhor. Tais etapas oferecerão a ele, o seminarista, um caminho ascético, isto é, de crescimento constante na fé e na vocação, à luz da Tradição e dos ensinamentos da Igreja, enriquecidos pela Sagrada Escritura, e com o suporte das ciências. Essas etapas constituem-se, de fato, como um projeto formativo-pedagógico e mistagógico, sólido e sistematizado, desenvolvido sob o acompanhamento de uma equipe de formadores qualificados, capazes de possibilitar ao seminarista o desenvolvimento harmonioso e integral da personalidade. Dessa maneira, "A Igreja acolhe os candidatos ao presbiterado proporcionando-lhes acompanhamento e formação sólida, em vista do discernimento, da confirmação e do amadurecimento, para se tornarem pastores do povo de Deus".[7]

O seminarista diocesano, em seu processo de discernimento, será moldado pela Palavra de Deus. O amadurecimento humano e vocacional só é possível pela busca da liberdade

---

[7] CNBB. Diretrizes para a formação dos presbíteros da Igreja no Brasil. Documentos da CNBB – 110. Brasília: Edições CNBB, 2018, n.26-27.

interior que a vida íntima com o Espírito Santo proporciona. Nenhum crescimento humano é resultado de um processo de fora para dentro. Ao contrário, a mudança, que conduz a verdadeira maturidade existencial, acontece no mistério mais escondido de cada formando, no íntimo lugar em que a voz do Espírito de Deus é escutada e acolhida. É isso que vai fazer dele um padre diocesano que vive em comunhão com a diocese, com o bispo, com os presbíteros, com os diáconos permanentes, com os consagrados, as consagradas e com os demais fiéis cristãos.

Hoje, o mundo e a sociedade exigem da Igreja um *modus operandi* diferente do que os presbíteros do passado receberam em seu processo formativo. O mundo pós-moderno, líquido e fragmentado, como define o sociólogo e filósofo polonês Zygmunt Bauman (1925-2017), desafia a humanidade, inclusive o seminarista, que é fruto dessa sociedade. Tal sociedade líquida é demasiadamente fragmentada, dando a sensação de fracasso ao humano e de imprevisibilidade das coisas e dos acontecimentos.[8]

Neste mundo hodierno, ainda, ganha força a cultura do espetáculo ou da ditadura do sucesso, estimulada e usufruída pela cultura midiática. Em tal contexto, a pessoa, muitas vezes, direciona toda a sua existência e realização de vida à fama e ao sucesso. Há uma espécie de cultura midiática religiosa capaz de determinar modelos bem-sucedidos de líderes religiosos. E não à toa, muitos vocacionados buscam se inspirar em tais modelos, inclinando-se a uma vida artificial e fugaz, com grandes dificuldades para viverem o real, a profundidade e a radicalidade da vocação. Brotam, daí, alguns questionamen-

[8] CARVALHO, H. R., SANTOS, M. J. R. Padre diocesano: testemunha do mistério pascal. São Paulo: Paulus, 2024, p. 23.

tos: “Como fazer para desligar os holofotes e seguir agindo com uma alegria que brota do mais íntimo de nosso ser? Onde encontrar forças para não sucumbirmos aos apelos da fama e da glória? Onde está a razão profunda para que nossos olhos não percam a luz que brilha ao ouvir o chamado do Amado?[9] O seminarista precisa ser educado para identificar, refletir e superar tais desafios, respondendo, com espírito evangélico e missionário, aos sinais do tempo presente.

O seminarista, desde a formação inicial, deverá compreender e conviver com sua própria condição humana, forte, por um lado, e frágil, por outro. Ele tomará consciência de que, antes mesmo de ser um vocacionado ao ministério presbiteral, é um ser humano como todos os demais. Não é - e nunca será - um super-herói. E o mais importante: não poderá ter medo de sua humanidade. Deverá viver profundamente como ser humano em busca de sua construção humana e espiritual-religiosa.[10]

O seminarista, vocacionado de Deus ao presbiterato, em vista de sua formação integral, deverá buscar apoio nas diversas ciências, sobretudo na psicologia, para conhecer sua interioridade. Deverá, intensamente, zelar por seu crescimento espiritual, que consistirá na relação íntima com Deus. Vê-se, nesse sentido, que o amadurecimento humano-espiritual é imprescindível para a formação do seminarista. Ainda, em seu processo formativo, deverá cuidar dos outros, buscar Deus constantemente e servir a todos: “O Filho do Homem não veio

---

[9] MANZINI, R. Fama, sucesso e brilho. A síndrome do palco e dos holofotes. In: TRASFERETTI, J. A; MILLEN, M. I. C; ZACHARIAS, R. Formação: desafios morais 2. São Paulo: Paulus, 2020, p. 293.

[10] JOÃO PAULO II. Exortação Apostólica Pós-Sinodal *Pastores Dabo Vobis* sobre a formação dos sacerdotes. São Paulo: Paulinas, 1992, n. 43.

para ser servido, mas para servir e dar a própria vida como resgate de muitos" (Mt 20,28).

O seminarista diocesano, no itinerário de sua formação qualificada para o exercício do ministério presbiteral, desde cedo, aprende a configurar sua vida com a de Cristo, o Bom Pastor, tornando-se capaz de viver a unidade, a sinodalidade e a diocesaneidade no contexto eclesial de sua Igreja local. Buscará ter a consciência plena de que não é e não se tornará um funcionário da Igreja, mas um vocacionado discípulo missionário para servir ao povo de Deus na comunidade paroquial; lutará para não se tornar anafetivo, isto é, perder o sentimento, o afeto pelas pessoas e pelos projetos pastorais da Igreja. Sabemos que o seminarista em sua anafetividade prefere estar longe das pessoas, levar uma vida descompromissada e descomprometida.[11] Para evitar esse processo de sofrimento durante o período de formação, deverá buscar apoio do bispo, formadores, familiares, especialistas e próprios colegas de seminário para superar e vencer qualquer patologia ou sintomas que atrapalhem a vida seminarística em seu itinerário vocacional. Isso vale, inclusive, no processo formativo permanente, durante a vida presbiteral.

---

11 CARVALHO, H. R. Presbíteros: testemunhas da esperança. Brasília: Edições CNBB, 2023, p. 23.

3 Família, paróquia e seminário: três ambientes de discernimento, formação humana, espiritual, intelectual e pastoral-missionária do seminarista diocesano

A dimensão humana é condição fundamental para a formação dos seminaristas. Nisso insistem os documentos da Igreja, considerando essa formação humana como dimensão essencial no itinerário formativo, em consonância com o apostolado que cada futuro presbítero necessitará para o exercício de sua ação pastoral. A formação humana é o alicerce fundamental para o exercício do ministério presbiteral que ele iniciará ao término do processo formativo inicial. O povo de Deus deseja que seus seminaristas sejam felizes, realizados, preparados, que saibam dialogar, rezar, animar, apoiar todos aqueles que encontrarem em seu caminho. Os seminaristas, a fim de cumprirem essas demandas, precisam receber autêntica formação humana em sua família; depois, na paróquia e, posteriormente, no seminário.

A família é um "lugar sagrado", segundo as palavras de São João Paulo II em sua Exortação Apostólica *Familiaris Consortio* sobre a família humana cristã no mundo de hoje. E por ser ela um lugar sagrado, constitui-se o espaço privilegiado da formação humana e do despertar vocacional de todo seminarista diocesano. Ela é o lugar ideal da aprendizagem para a vida comunitária eclesial, o primeiro lugar da formação seminarística, sendo o pai e a mãe os primeiros formadores. Nela, o seminarista assimilará os vínculos afetivos, os valores éticos e todas as demais dimensões para a vivência de uma vida equilibrada e sadia. Assim, no convívio familiar, o seminarista poderá se manter perseverante vocacionalmente.

Nesse sentido, a família é o lugar existencial e fundamental da formação presbiteral. É no convívio familiar que o seminarista aprenderá ocupar seu espaço e que moldará a formação do caráter. É no seio da família que o vocacionado aprenderá as lições de respeito, solidariedade, compreensão, familiaridade, compromisso. É na família e com a família que o seminarista aprenderá a ser em sua comunidade paroquial o irmão mais velho e responsável pela missão que lhe for atribuída em seu período de trabalho apostólico enquanto se prepara para o ministério ordenado.

A paróquia constitui-se o lugar privilegiado da experiência comunitária da fé. Por meio dela poderá o seminarista viver sua vocação, tipicamente diocesana. Assim ela poderá inspirar o seminarista a colocar em comum seus dons e talentos, pois o Espírito de Deus se encarregará de oferecer e amadurecer os carismas. A fé vivida nesse ambiente colaborará com seu senso de responsabilidade e comprometimento, libertando-o de qualquer individualismo, isolacionismo e narcisismo. A paróquia colaborará para que o seminarista diocesano aprenda a ser para toda a vida homem de comunhão, participação e missão, como também de serviço, e na alegria, tornando-o, a exemplo de Jesus, o Bom Pastor, o servidor de todos e jamais o dono da paróquia ou funcionário dela. Por isso, os formadores, por meio da colaboração dos demais padres, devem proceder a uma avaliação constante da vida pastoral paroquial dos formandos.

Jesus, o Mestre e Senhor, em sua pedagogia divina, educou seus discípulos considerando todas as dimensões da vida. A Igreja, mãe e mestra, também tem a consciência de que os seminaristas diocesanos necessitam de preparação para o exercício do ministério ordenado; por isso investe na formação de seus futuros ministros. Para tal, oferece aos candidatos ao presbiterato o seminário, como ambiente formativo desejado, assim se constituindo como: lugar de acolhida, integração, amadurecimento humano, intelectual, comunitário, pastoral, bíblico, litúrgico, missionário, administrativo, ecumênico. O seminário vem a ser o ambiente propício de educação e de amadurecimento do seminarista, particularmente, dos valores éticos, evangélicos, morais e cívicos. É por meio dele que educará seu caráter, combatendo qualquer tendência ao egoísmo, à arrogância, à intolerância, ao apego ao poder, ao narcisismo, ao clericalismo e ao fundamentalismo.

O ambiente do seminário permitirá ao seminarista crescer na generosidade, na sensibilidade aos sofrimentos alheios, na solidariedade, capacitará o formando a olhar o mundo e as pessoas com os olhos misericordiosos de Jesus, fazendo dele homem profundamente humano e, ao mesmo tempo, inteiramente de Deus. Nesse processo formativo, faz-se necessária e salutar a presença feminina, que permitirá ao seminarista o amadurecimento na relação, com sensibilidade, afeto, cordialidade, respeito e serviço. A mulher poderá exercer sua vocação como mãe, catequista, mestra, cuidadora, coordenadora, animadora, especialista em diversas áreas. Portanto, a presença feminina, com suas diversas expressões maternas, contribuirá para o crescimento do vocacionado em seu itinerário formativo.

Família, paróquia e seminário são, portanto, três ambientes favoráveis de discernimento, formação humana, espiritual, intelectual e pastoral-missionária do seminarista diocesano. Nesses espaços, o futuro candidato ao ministério ordenado aprenderá que a vida presbiteral é um sacerdócio e não uma profissão como as demais. Ele será para a Igreja e para o mundo um vocacionado a serviço da vida e da esperança de tantas pessoas, sobretudo das mais necessitadas. Na família, na paróquia e no seminário, o seminarista moldará seu jeito de ser e de viver, conformando-se ao jeito de ser e de viver de Jesus, o Bom Pastor, mantendo vivo seu encontro pessoal com o Mestre e Senhor. A partir dele e com ele, configurará sua vida como homem de oração, ação e interação. Esses três espaços marcarão profundamente a vida do futuro ministro ordenado a ponto de torná-lo capaz de oferecer sua vida em favor da vida de seus irmãos e suas irmãs, a ponto de doá-la inteiramente como fez Jesus, entregando-se inteiramente ao projeto do Pai: "Eu vim para que tenham vida, e a tenham em abundância" (Jo 10,10).

4 Seminarista diocesano: vocação, carisma e missão

Jesus Cristo, ápice e cume de toda vocação, é ao mesmo tempo a formação e o formador no processo de discernimento do vocacionado. Com sua pedagogia da presença, chamou a si os discípulos, formou-os e os enviou em missão. Ele é, portanto, o fundamento e o modelo da formação presbiteral em todas as suas etapas, inclusive na formação permanente dos ministros ordenados: "Jesus, porém, também destina pessoas individuais para segui-lo. Quando ele vê Simão e André, junto ao mar, a lançar suas redes, Ele os chama: 'Venham, sigam-me! Farei de vocês pescadores de homens' (Mc 1,116). Ambos deixam tudo o que possuíam, sua profissão, sua família, e seguem a Jesus".[12]

Há quem possa indagar, quem é o fundador da vocação e do carisma diocesano? A resposta é objetiva e clara: Jesus Cristo, Mestre e Senhor, o pastor por excelência. É ele o sumo e eterno sacerdote modelo de todo presbítero e dos que estão a caminho do presbiterato. Ele é o fundador da vocação e do carisma diocesano. É de Jesus que nascem todos os ministérios e carismas da Igreja. Seguindo o exemplo de Jesus que dedicou capacidades pessoais e tempo na formação de seus discípulos, a Igreja estabelece o seminário como espaço próprio para formar seus ministros ordenados, empenhando

---

12 GRÜN, A., MÜLLER, S. Profissão e vocação: quando é preciso escolher ou ter coragem para mudar. Petrópolis: Vozes, 2016, p. 17.

recursos, tempo e pessoas qualificadas. O seminário constitui-se como "o espaço privilegiado para a formação, instrução e conhecimento do futuro candidato à ordenação presbiteral".[13]

O modelo formativo existente é resultado de um longo processo de discernimento e acompanhamento por parte da Igreja. O Concílio de Trento (1545-1563), particularmente com a dedicação e o empenho de São Carlos Borromeu (1538-1584), reorganizou a formação dos presbíteros. Ele foi o primeiro bispo a fundar os seminários para a formação dos futuros padres. O Concílio Vaticano II (1962-1965), com seus documentos específicos sobre a vida presbiteral, e os demais textos pós-conciliares, particularmente a Exortação Apostólica Pós-Sinodal sobre a formação dos sacerdotes *Pastores Dabo Vobis*, de São João Paulo II, oferecem contributos próprios para a formação seminarística e para a formação permanente dos presbíteros.[14]

O seminarista diocesano, então, vive o tempo da formação, em todas as suas etapas e dimensões humano-afetiva, comunitária, espiritual, intelectual, pastoral-missionária, no seminário. Neste ambiente, ele aperfeiçoará as relações humanas necessárias para viver a diocesaneidade. Contudo, não basta passar pelo seminário, deve-se, no seminário, abrir-se à graça de Deus, na compreensão e no fortalecimento do próprio chamado. Por isso deve o seminário despertar no formando as razões fundamentais de sua busca pelo sentido da vida e realização de si, enquanto vocacionado ao amor-serviço, bem como a sinceridade de uma vida coerente, autêntica e trans-

[13] CARVALHO, H. R.; FREZZATO, A. Padre diocesano: a alegria de amar servindo e servir amando. São Paulo: Paulus, 2022, p. 37-38.

[14] ALKAMINE, J. E. Seminário São Carlos Borromeu e o Concílio. Disponível em: arquidiocesesorocaba.org.br/seminário-são-carlos-borromeu-e-o-concilio/. Acesso em 29.09.2024.

parente para melhor servir ao povo de Deus e realizar-se enquanto pessoa vocacionada.

A *Ratio Fundamentalis Institutionis Sacerdotalis* e os demais documentos do Magistério da Igreja e das Igrejas locais têm norteado os aspectos fundamentais para a formação dos futuros presbíteros a serviço de Deus, da Igreja e do povo. A Igreja no Brasil, particularmente, tem contribuído eficazmente para a formação dos presbíteros: a colaboração da Comissão Episcopal Pastoral para os Ministérios Ordenados e a Vida Consagrada, a Organização dos Seminários e Institutos do Brasil (OSIB) para o processo formativo dos seminaristas. Não podemos deixar de mencionar a *Ratio* brasileira (Diretrizes para a formação dos presbíteros da Igreja no Brasil – Documentos da CNBB – 110, elaborado pelos bispos do Brasil em 2019).

No passado, a Igreja empregou bastante esforços na formação do presbítero, mas com acento às dimensões intelectual, espiritual e pastoral. Hoje, dá-se ênfase à dimensão humana do seminarista e do presbítero, sem descuidar aquelas outras. A Igreja tem consciência de que a formação humana do futuro presbítero é uma questão preponderante no processo formativo. O papa Francisco tem exortado constantemente a respeito desse aspecto da formação: para ele o povo de Deus merece um pastor profundamente humano.[15]

Nessa perspectiva, o seminário, por meio da equipe de formação, deve assumir esse ofício como um oleiro. O oleiro recebe a terra e a água transformando-as em barro e, posteriormente, em uma peça especial. Por conseguinte, o vocacionado deve confiar sua vida às mãos do divino oleiro (cf. Jr 18,4-6) e permitir que ela seja transformada por Ele. O seminário é o

---

[15] CARVALHO, H. R. Presbíteros: testemunhas da esperança. Brasília: Edições CNBB, 2023, p. 21.

ambiente propício para o seminarista conhecer um pouco de si mesmo, olhar para dentro de si e buscar responder: quem sou eu e qual é minha missão neste mundo? É o momento de olhar para sua própria humanidade, identificar-se, corrigir os erros e assumir para si as qualidades do homem virtuoso.

Ao se tratar da vocação diocesana, há de se levar em consideração o carisma próprio do seminarista diocesano. E qual é esse carisma? O carisma do seminarista diocesano é o mesmo do padre diocesano. Para a compreensão e vivência do carisma diocesano é necessário fazer um percurso na história da Igreja. As evidências sugerem que as origens da vocação e do carisma diocesanos têm seu nascimento no período pós-apostólico: "Na opinião comum dos estudiosos, presbíteros e epíscopos, quando existiam nas Igrejas pós-paulinas, formavam um grupo responsável pelo atendimento pastoral de uma comunidade local, sendo praticamente a mesma coisa, daí serem denominados cumulativamente 'presbíteros-epískopos'".[16]

Com o Edito de Milão, em 313, quando Constantino, imperador romano, concedeu liberdade de culto para todo o Império Romano e, depois, quando Teodósio, em 381, oficializou o cristianismo como religião do Império, as comunidades cristãs, existentes nesse período, iniciaram um novo processo de organização e, por sua vez, o carisma e a vocação do padre diocesano teve sua reestruturação.[17]

As comunidades cristãs, do final do século III até o século V, passaram por um período de sistematização, com a criação de lugares fixos para as orações, antes realizadas nas casas,

---

[16] ALMEIDA, J. A. O ministério dos presbíteros-epíscopos na Igreja do Novo Testamento. São Paulo: Paulus, 2001, p. 119.

[17] CNBB. Comunidade de comunidades: uma nova paróquia. A conversão pastoral da paróquia. Documentos da CNBB – 100. Brasília: Edições CNBB, 2014, n. 111.

denominadas de *domus ecclesiae.* Nesse período, confiou-se a um presbítero a direção dessa comunidade orante. O bispo e o seu presbitério residiam na comunidade rural. O nome dado a esse lugar era paróquia.[18] O nascedouro da vocação diocesana era a própria paróquia, lugar em que o presbítero exercia seu ministério, residindo com os demais presbíteros e com o bispo, inclusive com os que se preparavam para o ministério presbiteral. O bispo tinha a responsabilidade de cuidar e apascentar seu clero. Sabe-se que em Roma, Antioquia, Alexandria, Palestina e no norte da África havia escolas para a formação teológica e catequética para aqueles que se preparavam para receber o presbiterato. [19]

Voltando ao espaço nascente do carisma tipicamente diocesano, isto é, a paróquia, sua origem etimológica está sempre associada ao peregrino, ao estrangeiro, ao vizinho, ao próximo. Sua origem grega é *paroikia, paroiken, paroikós.* Tais terminologias indicam lugar de acolhida, lugar de respeito, lugar de abrigo e proteção. Os primeiros cristãos a entenderam como uma hospedaria que acolhe os viajantes rumo à Jerusalém Celeste. A ideia de comunidade que acolhe e recebe fraternal e carinhosamente a todos está muito presente no pensamento e no jeito de ser das primeiras comunidades cristãs. "Uma Igreja em saída", como diria o papa Francisco, em uma visão bem dinâmica da paróquia.

---

[18] CNBB. Comunidade de comunidades: uma nova paróquia. A conversão pastoral da paróquia. Documentos da CNBB – 100. Brasília: Edições CNBB, 2014, n. 112

[19] BIFET, J. E. Itinerario formativo de las vocaciones sacerdotalis. Modelos teologicos-historicos. In: Revista Seminarium publicada por la Congregación para la educación católica. Revista de pensamiento vocacional, n. 1/2, ano XLVI, januario-junio 2006, p. 291-316.

A paróquia vem a constituir-se, nessa perspectiva, como lugar típico da ação evangelizadora e pastoral do padre diocesano e daquele que está no processo formativo, isto é, do seminarista diocesano. Por isso, desde o início de sua formação no seminário, deverá amadurecer o amor, o respeito e a dedicação com a comunidade paroquial.

Dados esses elementos, é possível dizer que a espiritualidade típica do seminarista e do padre diocesano consiste na vivência da diocesaneidade. Diocesaneidade é o espírito, o modo de apresentar-se ao mundo e nele agir. Aí subsiste sua vocação, seu carisma, sua missão e sua espiritualidade. A espiritualidade de ambos, padre e seminarista diocesanos, tem como fundamento a pessoa de Jesus, o Bom Pastor, como modelo de caridade pastoral e está alicerçada em alguns elementos que são constitutivos da diocesaneidade, a saber: a) o povo de Deus, formado pelos fiéis cristãos, fiéis ordenados (diáconos, presbíteros e bispo) e fiéis de vida consagrada; b) a territorialidade da diocese, que não se trata apenas do espaço geográfico, mas inclui o território, as culturas, a história, as pessoas, as características socioambientais, políticas, econômicas, religiosas; c) o modo de ser sinodal intrínseco à Igreja. A sinodalidade mais do que um substantivo ou adjetivo é uma dimensão a ser construída constantemente. A Igreja diocesana ou a Igreja local deve envolver a todos, de diferentes formas, de modo que a diocesaneidade seja um traço da espiritualidade dos fiéis ordenados e não ordenados, próprio de uma Igreja que escuta a voz do Espírito (cf. Ap 2,29).

A expressão diocesaneidade é nova no linguajar teológico-eclesial. Ela nasce no contexto do Sínodo dos Bispos, em 1990, e é oficializada em 1992, com a Exortação Apostólica Pós-Sinodal *Pastores Dabo Vobis,* de São João Paulo II, que diz: “Outra ajuda pode ser dada pelas associações sacerdotais, em particular pelos institutos seculares sacerdotais, que apresentam como nota específica a diocesaneidade, por força da qual os sacerdotes se unem mais estreitamente ao bispo, e constituem um estado de consagração no qual os sacerdotes, mediante votos ou outros laços sagrados, são chamados a encarnar na vida os conselhos evangélicos”.[20]

A diocesaneidade, por ser uma realidade ainda nova no contexto da vida eclesial, necessita ser discutida e aprofundada por todos. Em uma determinada ocasião perguntaram ao papa Francisco quais são a vocação, o carisma e a espiritualidade do padre diocesano. Ele, prontamente, respondeu: “Diocesaneidade, esse é o carisma próprio de um padre diocesano”. Assim como o padre diocesano, o seminarista precisa amar sua diocese como um lugar sagrado, um território santo, terra santa. Por ela deve dar sua vida, a ela deve dedicar-se e colaborar da melhor maneira para que a diocese se torne, verdadeiramente, um lugar de evangelização e missão. [21]

O vocacionado procurará conhecer a história da diocese, a história daqueles que o antecederam e construíram tudo o que existe, daqueles que doaram sua vida inteiramente em favor da diocese: bispos, padres, religiosos e religiosas, diáconos e fiéis. “Precisamos fazer memória, recuperar misticamente o nome de tantos irmãos que deram a vida pela causa do Evangelho. Recordemos do protagonismo dos anônimos, na singeleza de uma vida inteiramente doada ao Reino, deixaram-nos o que hoje somos e temos na Igreja. A eles o nosso respeito,

---

[20] JOÃO PAULO II. Exortação Apostólica Pós-Sinodal *Pastores dabo vobis* sobre a formação dos sacerdotes. São Paulo: Paulinas, 1992, n. 81.
[21] CARVALHO, H. R. Padre diocesano: vocação, carisma e missão. São Paulo, 2023, p. 19.

carinho e nossa gratidão".[22] O padre e o seminarista devem fazer com que o Projeto Pastoral e Evangelizador da Igreja local reflita de fato o rosto eclesial da diocese. O Plano Pastoral em uma Igreja local não é opcional nem tampouco um registro de algumas decisões, mas é a alma da caminhada eclesial. Seria muito importante inserir nos seminários padres que saibam falar acadêmica e informalmente a respeito da história da diocese, incluindo os bispos, os padres diocesanos, religiosos, as consagradas e os fiéis que no passado construíram a Igreja diocesana local.

Na vivência da diocesaneidade, o seminarista demonstra verdadeiramente seu carinho, afeto e respeito para com o bispo diocesano, mantendo um bom relacionamento com ele, pois representa o pai espiritual da diocese, o mistagogo e o centro de unidade. O seminarista nutre para com ele amor filial; busca ser um filho respeitoso e obediente. Com seus formadores, deverá o seminarista estabelecer uma relação de confiança filial.

O seminarista diocesano, a exemplo dos padres, compreende que a fraternidade presbiteral é um dos elementos constitutivos da diocesaneidade. Por isso, no período de formação, deve tratar os demais seminaristas como verdadeiros irmãos: amá-los e respeitá-los. Assim, deve superar toda indiferença e mesquinhez referente à vivência fraterna. Por isso precisa dar o primeiro passo em direção ao outro e nunca esperar que o outro venha a seu encontro. Pois no outro ele poderá encontrar o próprio Deus que se faz presente em cada um dos irmãos. Com isso, deverá não falar mal e prejudicar a imagem do outro. Tem a consciência de que o corpo do outro é o tem-

---

[22] CARVALHO, H. R. Presbíteros: testemunhas da esperança. Brasília: Edições CNBB, 2023, p. 82.

plo do Espírito (cf. 1Cor 6,19). O outro possui um rosto, uma história e uma situação que devem chamar minha atenção. É a partir do outro que minha personalidade se constrói e se edifica. [23]

O vocacionado procurará viver sempre em harmonia e sintonia com os demais, ao saber e convencer-se de que a convivência comunitária é um dos elementos essenciais da vida cristã. A autêntica vida fraterna presbiteral inicia-se no período do seminário. O seminarista procura vivê-la intensamente (cf. Sl 132). Ele construirá uma sólida amizade fraterna com os demais irmãos do seminário, que deverá permanecer durante todo o seu ministério presbiteral: "Amigo fiel é proteção poderosa, e quem o encontra, encontra um tesouro. Amigo fiel não tem preço, não há medida para indicar o seu valor. Amigo fiel é remédio para a vida, e os que temem ao Senhor o encontrarão. Quem teme o Senhor orienta bem suas amizades; assim como ele é, também será o seu companheiro" (Eclo 6, 14-17). Pois o ser humano não pode enfrentar a vida isoladamente, muito menos o seminarista diocesano.

Para a vida cristã, não há espiritualidade sem o outro. [24] Nesse sentido, o seminarista diocesano deve compreender que o outro é sacramento visível do amor invisível de Deus; deve ele, na mesma medida, estar sempre aberto ao perdão: perdoar e saber receber o perdão. Não guarda mágoa e nem rancor, está sempre aberto ao outro que vem a seu encontro e sempre solícito para ir ao encontro do outro. Precisa aprender

---

[23] BORGES FILHO, A. O rosto como arquétipo na ética da responsabilidade de Emmanuele Levinas. In: Revista do Ministério Público do Estado do Rio de Janeiro, n. 75, out/dez, 2020, p. 310-311.

[24] GRÜN, A., RUPPERT, F. Cristo no irmão: o amor ao próximo e o amor ao inimigo na espiritualidade beneditina. Petrópolis: Vozes, 2014, p. 35-40.

a conviver com o outro para que no futuro tenha condições de conviver com outros padres, na mesma casa paroquial, caso seja necessário, e, inclusive, cuidar dos irmãos presbíteros, se a ele este múnus for confiado.

O seminarista, assim como o presbítero, nunca deve sentir-se acima dos fiéis cristãos, mas como membro ativo deste povo. Por isso, o povo de Deus, constituído em sua comunidade paroquial, e também os que ainda não estão inseridos nela, são partes integrantes do amor, do respeito e do carinho que o seminarista diocesano deve demonstrar e viver no período de seu apostolado. Dar a vida pelas ovelhas, respeitá-las e conduzi-las ao encontro de Deus é a missão primordial de todo vocacionado. Jamais se apresentará como "senhor da fé", mas como servidor do povo. Dedicar-se-á inteiramente a esse povo e dará a ele o que de melhor possui em todos os aspectos: humano, intelectual, pastoral e espiritual. Desde seminarista, buscará ser o pastor que conduz com retidão, carinho, ternura e misericórdia o povo a ele confiado.

Em seu itinerário vocacional, deverá, também, amar e respeitar a vida dos leigos consagrados: homens e mulheres. Sabe que são pessoas que também ofereceram a Deus, à Igreja e ao povo o que há de mais precioso: a vida, consagrada ao estilo de seus fundadores (carisma e missão). Deverá, na mesma medida, ter profundo respeito e admiração pelos diáconos permanentes. Em seu processo formativo, precisa compreender que "na formação presbiteral, conjugam-se a ação da graça divina e a resposta humana, o que requer constante empenho e discernimento atento do itinerário formativo nas circunstâncias atuais, à luz da Palavra de Deus e do Magistério da Igreja e de um sadio conhecimento da pessoa humana. São João Maria

Vianney, Patrono dos Presbíteros diocesanos, diz que as mais belas atividades humanas são rezar e amar."[25]

O seminarista diocesano, repleto de saúde, energia e entusiasmo, na vivência de sua vocação, seu carisma e sua missão, à luz da Santíssima Trindade, deve refletir, em seus gestos e atitudes, o carinho, o respeito, a ternura, a amabilidade e a misericórdia de Deus para com todos os que ele encontra em sua caminhada vocacional: crianças, adolescentes, jovens, adultos e anciãos. Esse amor visível, traduzido em seu modo de ser e de viver, testemunha o sentido pleno da vivência da diocesaneidade. Ele deve carregar consigo a marca do Cristo ressuscitado, por isso é portador da alegria pascal que supera todo e qualquer desafio à vida, com alegria, esperança, bom humor e entusiasmo. Tornar-se-á, assim, testemunha da vida nova em Deus, comprometido com uma santidade atual e moderna, inspirando outros jovens a viverem a experiência que se vive nos seminários

Em tempos de globalização e redes sociais abundantes, o seminarista diocesano estará muito atento a todos os aspectos de sua formação: humana, intelectual, religiosa e pastoral, tendo a preocupação de receber as orientações advindas do Magistério oficial da Igreja, tomando muito cuidado com uma espécie de magistério paralelo que o mundo oferece. A dinâmica da diocesaneidade instrui que a voz do Espírito Santo é a primeira a ser ouvida por intermédio do bispo de Roma, da Conferência dos bispos do Brasil, do bispo local e demais autoridades constituídas: "Os ciberespaços constituem uma aldeia aberta, em que estão presentes e alertas os ciberformadores paralelos. Estes ocupam espaço nas mídias para propa-

[25] CNBB. Diretrizes para a formação dos presbíteros da Igreja no Brasil. Documentos da CNBB 110. Brasília: Edições CNBB, 2019, n. 6.

gar seu modelo de Igreja e suas doutrinas, revestem-se com pele de tradição e defesa dos bons costumes, mas, na verdade, comprometem, em muitos aspectos, a formação das novas gerações, enquanto as aprisionam em categorias preconceituosas, condenatórias e excludentes, convencendo-as de que a Igreja precisa ser mais autoritária e tratar seus (in) fiéis com mais rigor."[26]

A diocesaneidade implica que o futuro presbítero, a exemplo de Jesus, o servidor por excelência, ame e sirva a todos sem exceção. Há de se recordar de que Jesus amou em primeiro lugar os pobres, os órfãos, as viúvas, os estrangeiros e os marginalizados. O seminarista diocesano deve priorizar esse amor aos rejeitados e aos que estão à margem da sociedade; ter um olhar sensível à Igreja do Brasil, com suas diversidades ímpares: megalópoles, riquezas, pobrezas, zonas urbanas e rurais, centros e periferias, comunidades indígenas, ribeirinhos, quilombolas, imigrantes, pessoas em situação de rua, hospitais, escolas, universidades. Deverá estar sempre atento à questão da promoção da justiça social.

O seminarista diocesano deverá cultivar o ardor missionário para amar e servir às diversas realidades diocesanas, sobretudo as periferias geográficas e existenciais presentes na diocese. Não poderá haver locais ou situações nas quais o futuro presbítero rejeitará para realizar seu trabalho pastoral. A rejeição de algum serviço ou lugar, simplesmente como objeção formal, poderá ser fruto da não compreensão do espírito da diocesaneidade e, até mesmo, da falta de vocação à vida presbiteral diocesana.

---

26 MENDONÇA FILHO, J.S. Ciberformadores a serviço da formação paralela: o perigo dos lobos travestidos em pele de cordeiro. In: TRASFERETTI, J. A.; MILLEN, M. I. C.; ZACHARIAS, R. Formação: desafios morais 2. São Paulo: Paulus, 2020, p. 185-186.

5 Para refletir

1. O que despertou em você o desejo de ser padre?
2. Por que você quer ser padre diocesano?
3. O que você faz em sua comunidade paroquial?
4. O que mais chamou sua atenção a respeito do texto que você leu sobre a vocação, o carisma e a missão do seminarista diocesano?
5. Este subsídio vocacional ajudou você a compreender qual o significado de ser um seminarista diocesano?
6. Como você, como seminarista diocesano, espera viver o ministério presbiteral?

6 Oração vocacional para seminaristas diocesanos

Senhor Deus, amor fiel e gratuito, obrigado por nos chamar à vida seminarística diocesana. Obrigado por nos escolher e acolher do jeito que somos, apesar de todas as nossas imperfeições e nossos defeitos. Obrigado por seu Espírito, que nos conforma cada dia aos sentimentos e ao agir de vosso Filho. Obrigado por sua compaixão, ternura e misericórdia.

Senhor Deus, ajude-nos a sermos cada vez mais profundamente humanos, inteiramente seus, plenamente dedicados à missão evangelizadora da Igreja. Somente assim seremos capazes de amar sem reservas, reconhecer a assistência do Espírito na fragilidade humana, dar razão à esperança que nos anima.

Senhor Deus, faça com que sejamos capazes de acolher o outro como ele é, estabelecer com ele relações autênticas de fraternidade, de comprometer-nos com seu verdadeiro bem; defender sua dignidade e promover sempre seus direitos fundamentais. Eduque-nos para que possamos decididamente nos opor a qualquer tentação de egoísmo, narcisismo e carreirismo.

Senhor Deus, conceda-nos viver o espírito da diocesaneidade no amor por nossa diocese, no respeito filial para com nosso bispo, no espírito fraterno entre nós, na busca de unidade, no respeito à pluralidade, na doação plena a seu povo durante nossas atividades pastorais.

Senhor Deus, que a Virgem Aparecida, mãe de seu Filho e nossa mãe, rainha e padroeira do Brasil, alcance para nós a graça de sermos perseverantes no itinerário vocacional diocesano até o fim. Que Maria nos ajude a jamais perdermos a esperança de que a vida presbiteral diocesana, vivida na fraternidade e na amizade, é o caminho de nossa realização e o meio mais eficaz para sermos testemunhas do amor compassivo, terno e misericordioso de Deus no meio do povo a nós confiado. Que possamos viver o processo formativo na alegria e na esperança de que um dia nos tornaremos presbíteros diocesanos, segundo o coração de Jesus, o Bom e Eterno Pastor. Amém.

Referências bibliográficas

ALKAMINE, J. E. Seminário São Carlos Borromeu e o Concílio. Disponível em: arquidiocesesorocaba.org.br/seminário-são--carlos-borromeu-e-o-concílio/. Acesso em 29.09.2024.

ALMEIDA, J. A. O ministério dos presbíteros-epíscopos na Igreja do Novo Testamento. São Paulo: Paulus, 2001.

BIFET, J. E. Itinerario formativo de las vocaciones sacerdotalis. Modelos teologicos-historicos. In: Revista Seminarium publicada por la Congregación para la educación católica. Revista de pensamiento vocacional, n. 1/2, ano XLVI, januario-junio 2006, p. 291-316.

BORGES FILHO, A. O rosto como arquétipo na ética da responsabilidade de Emmanuele Levinas. In: Revista do Ministério Público do Estado do Rio de Janeiro, n. 75, out/dez, 2020.

BRENTAN, B. Vocação: relação entre chamado e resposta. In: CARVALHO, H.R., SANTOS, T. M.; SILVA, A. W.C. Seminarista diocesano: identidade, vocação e missão. São Paulo: Paulus, 2021.

CARVALHO, H.R., SANTOS, M. J. R. Padre diocesano: testemunha do mistério pascal. São Paulo: Paulus, 2024.

CARVALHO, H. R. Padre diocesano: vocação, carisma e missão. São Paulo: Paulus, 2023.

CARVALHO, H. R. Presbíteros: testemunhas da esperança. Brasília: Edições CNBB, 2023.

CARVALHO, H. R.; FREZZATO, A. Padre diocesano: a alegria de amar servindo e servir amando. São Paulo: Paulus, 2022.

COMISSÃO EPISCOPAL PASTORAL PARA OS MINISTÉRIOS ORDENADOS E VIDA CONSAGRADA – PASTORAL VOCACIONAL NACIONAL. Texto base do IV Congresso Vocacional do Brasil. Brasília: Edições CNBB, 2018.

CNBB. Diretrizes para a formação dos presbíteros da Igreja no Brasil. Documentos da CNBB 110. Brasília: Edições CNBB, 2019.

CNBB. Comunidade de comunidades: uma nova paróquia. A conversão pastoral da paróquia. Documentos da CNBB – 100. Brasília: Edições CNBB, 2014.

CONGREGAÇÃO PARA O CLERO. O dom da vocação presbiteral. *Ratio Fundamentalis Instituitionis Sacerdotalis.* Documento da Igreja – 32. Brasília: Edições CNBB, 2017.

CORBENILI, V. Vocação: chamado do Senhor e resposta humana. Disponível em: vaticannews.va/pt/igreja/News/2023-08/vocacao-chmado-do-senhor-e-resposta-humana.html. Acesso em 29.09.2024.

GRÜN, A., MÜLLER, S. Profissão e vocação: quando é preciso escolher ou ter coragem para mudar. Petrópolis: Vozes, 2016.

GRÜN, A., RUPPERT, F. Cristo no irmão: o amor ao próximo e o amor ao inimigo na espiritualidade beneditina. Petrópolis: Vozes, 2014.

JOÃO PAULO II. Exortação Apostólica Pós-Sinodal *Pastores dabo vobis* sobre a formação dos sacerdotes. São Paulo: Paulinas, 1992.

MANZINI, R. Fama, sucesso e brilho. A síndrome do palco e dos holofotes. In: TRASFERETTI, J. A; MILLEN, M. I. C; ZACHARIAS, R. Formação: desafios morais 2. São Paulo: Paulus, 2020.

MENDONÇA FILHO, J. S. Ciberformadores a serviço da formação paralela: o perigo dos lobos travestidos em pele de cordeiro. In: TRASFERETTI, J. A.; MILLEN, M. I. C.; ZACHARIAS, R. Formação: desafios morais 2. São Paulo: Paulus, 2020.

SECRETARIADO VOCACIONAL REDENTORISTA. Entenda a diferença entre vocação e profissão. Disponível em: a12.com/redentoristas/vocacional/notícias/vocacao-e-profissao-voce-sabe-a-diferença. Acesso em 29.09.2024.

HUMBERTO ROBSON DE CARVALHO

Pertence ao clero diocesano da Arquidiocese de São Paulo (pároco da Paróquia Nossa Senhora Aparecida – Região Episcopal Santana). É mestre em Educação, especialista em Catequese, Espiritualidade e Liturgia, graduado em Filosofia, Pedagogia e Teologia. Membro da Sociedade Brasileira de Catequese (SBCat). Publicou artigos em revistas nacionais e vários livros. Palestrante e pregador de retiros para seminaristas e padres diocesanos.

AUTOR

Humberto Robson de Carvalho
Telefone: (11) 99966-1981
E-mail: hucarva@uol.com.br

Este livro foi composto com as famílias tipográficas Alegreya, Source Sans Pro e Rosmatika e impresso em papel offset 70g pela **Gráfica Santuário**.